BEI GRIN MACHT SICH IHR
WISSEN BEZAHLT

Bibliografische Information der Deutschen Nationalbibliothek:

Die Deutsche Bibliothek verzeichnet diese Publikation in der Deutschen National-bibliografie; detaillierte bibliografische Daten sind im Internet über http://dnb.d-nb.de/ abrufbar.

Impressum:

Copyright © 2010 GRIN Verlag, Open Publishing GmbH
Druck und Bindung: Books on Demand GmbH, Norderstedt Germany
ISBN: 9783640630011

Dieses Buch bei GRIN:

http://www.grin.com/de/e-book/151440/politisches-kabarett-eine-methode-der-schulischen-politischen-bildung

I. Flathmann

Politisches Kabarett - Eine Methode der schulischen politischen Bildung

GRIN Verlag

GRIN - Your knowledge has value

Der GRIN Verlag publiziert seit 1998 wissenschaftliche Arbeiten von Studenten, Hochschullehrern und anderen Akademikern als eBook und gedrucktes Buch. Die Verlagswebsite www.grin.com ist die ideale Plattform zur Veröffentlichung von Hausarbeiten, Abschlussarbeiten, wissenschaftlichen Aufsätzen, Dissertationen und Fachbüchern.

Besuchen Sie uns im Internet:

http://www.grin.com/

http://www.facebook.com/grincom

http://www.twitter.com/grin_com

Präsentations-Ausarbeitung zum Seminar
„Politisches Kabarett und kritische Bildung"
Wintersemester 2009/10

Politisches Kabarett

Eine Methode der schulischen politischen Bildung

Isla C. Flathmann
Studiengang: Lehramt an Gymnasien
08. Februar 2010

Inhaltsverzeichnis

1. Einleitung

Im Rahmen des Seminars „Politisches Kabarett und kritische Bildung" wurde diskutiert, inwiefern politisches Kabarett Bildungsprozesse anstoßen und inwiefern Kabarett selbst eine Form kritischer Bildung darstellen kann. Dazu wurden im Verlauf des Seminars unter dieser Fragestellung verschiedene (historische Vor-) Formen des Kabaretts betrachtet und dabei diskutiert, „welche Verbindungen oder Spannungen zwischen Aufklärung und Amüsement, Empörung und Unterhaltung entstehen und wie diese bildungstheoretisch einzuschätzen sind."[1] Für einen Lehramtsstudenten mit dem Fach Politik und Wirtschaft ist dabei die Frage sehr interessant, inwiefern Kabarett als ein Mittel (kritischer) politischer Bildung in der Schule eingesetzt werden kann.[2] In dieser Ausarbeitung der im Seminar zu dem Thema gehaltenen Präsentation soll dieser Frage nachgegangen werden. Dazu wird zuerst die Herkunft und Bedeutung des Begriffs „Kabarett" geklärt und anschließend untersucht, inwiefern Kabarett politisch wirksam ist, d.h. welchen (politischen) Einfluss es auf das Publikum, das politische Establishment und nicht zuletzt den Kabarettisten selbst haben kann, bzw. welcher Einfluss vermutet oder erhofft wird. Danach wird der Begriff der „politischen Bildung" genauer erläutert, um mit Hilfe dieser Begrifflichkeit die Frage zu klären, wie Kabarett einen Beitrag zur politischen Bildung leisten kann. Abschließend wird kurz umrissen, wie dieser Beitrag praktisch aussehen könnte.

2. Was ist Kabarett?

Der Begriff „Kabarett" leitet sich vom französischen „Cabaret" ab, was zunächst eine runde, mit fächerartig angeordneten Schüsselchen bestückte Speiseplatte (für Kompotte) bezeichnete und danach solche Lokale, in denen diese bunten Platten neben Getränken serviert wurden (Rothlauf 1994, S. 9). Auch wenn das antike Satyrspiel oder die Tradition der Troubardours oder Minnesänger von manchen Autoren als inhaltlicher Vorgänger des Kabaretts in Betracht gezogen werden, trifft dies am wahrscheinlichsten auf den französischen politischen Chanson zu, der bereits vor der französischen Revolution als Lied mit gesellschaftskritischem Inhalt praktiziert und später gerne in Cafés vorgetragen wurde (von Prittwitz 1994, S. 287, Rothlauf 1994, S. 9). Begriff und Inhalt vereinigten sich erstmals 1881 in Paris zu der heute bekannten Form, als der Maler Rodolphe Salis den Kreis der Gäste seiner Künstlerkneipe „Chat noir"

---

[1] Siehe Seminarbeschreibung auf
http://www.lvpaed.de/index.php?page=stud_veranstaltungsverzeichnis&subpage=details&id_semester=6&id_lv=106, Zugriff 01.02.10.
[2] In dieser Arbeit wird „politische Bildung" als größtenteils deckungsgleich mit „kritischer Bildung" verstanden, da „gute" politische Bildung in sich die von der kritischen Bildung geforderte Selbstkritik und Gesellschaftskritik weitgehend einschließt.

(Salis bezeichnete sein Etablissement explizit als „Cabaret artistique") von Künstlern, die zwanglos ihre literarischen Schöpfungen vorstellten, durch Nichtkünstler als Zuschauer erweiterte und somit das Kabarett im heutigen Sinne begründete. Beginnend mit den ersten Jahren des 20. Jahrhunderts breitete sich das Kabarett von Paris aus auch in Deutschland und Österreich aus (Rothlauf 1994, S. 10f).

Inhaltlich ist das Kabarett eng mit der Satire verwandt, welche durch Kritik und Spott Zustände oder Personen demaskiert und an den Pranger stellt, wobei Übertreibung und Lächerlichkeit wichtige Stilmittel darstellen. Dabei kann die Satire von der Kurzgeschichte über den Roman und die Fabel bis zum Gedicht und Lied viele Formen haben (Gugel 2006, S. 126). Auch das Kabarett besitzt zahlreiche unterschiedliche Ausdrucksmöglichkeiten für die, für das Genre charakteristische, kritische Auseinandersetzung mit „Zeiterscheinungen und deren Exponenten im öffentlichen Leben" und nimmt dabei ähnlich dem Varieté eine Form des bunten Allerlei (eben eines „Cabarets") an (Rothlauf 1994, S. 9). Den Hauptunterschied zur Satire macht der direkte – oder auch medienvermittelte – Bezug des Kabarettisten zum Publikum aus, von dessen Kontakt und Unmittelbarkeit das Kabarett lebt (Gugel 2006, S. 126).

Die Wichtigkeit des Publikums als „Anspielpartner" verdeutlicht Henningsens nähere Bestimmung des Kabaretts als ein „Spiel mit dem erworbenen Wissenszusammenhang des Publikums" (1967, S. 9f) [3]. Dabei ist die hauptsächliche Wissensgrundlage des Publikums sein Alltagswissen, die politische Information durch die Massenmedien und die sich hieraus bildenden Inhalte der öffentlichen Diskussion. Da sich dieses Publikumswissen um bestimmte Wissenskerne herum laufend verändert, muss Kabarett immer aktuell sein. Es arbeitet, dem jeweiligen Kontext angepasst, u.a. mit selbstverständlich erscheinenden, aber bei genauer Prüfung nicht haltbaren Annahmen, mit Tabus, mit aktuellen Weitungen von Begriffen, sowie mit neuen Wendungen und Verknüpfungen politischen Wissens. Um überhaupt funktionieren zu können, bedarf das Kabarett bestimmter kultureller Voraussetzungen, sowohl beim Publikum als auch beim Kabarettisten selbst: „Nur bei einer gewissen Komplexität und Ausdifferenzierung politischen Denkens [und Wissens, Anm. d. Verf.], vor allem der Bereitschaft, sich von herkömmlichen Begriffen zu lösen, ja sie zu verkehren, kann sich Kabarett etablieren und aufblühen" (Prittwitz 1997, S. 288f).

---

[3] Zitiert in Prittwitz 1994, S. 287.

-3-

3. Ist Kabarett politisch wirksam?

Man kann Kabarett als ein politisches Spannungsfeld ansehen, in dem sich der Kabarettist, sein Publikum und das politische Establishment bewegen. Jeder Teil dieser Troika hat unterschiedliche, teilweise konkurrierende und in sich nochmals differenzierbare Anliegen. Bei einer Befragung in den 1960er Jahren wurden mehreren Kabarettisten zwei Fragen gestellt, welche die Position der Befragten im Bezug auf die kritische, bzw. politisierende Intention „ihres" Kabaretts und die Einschätzung ihres Einflusses auf die politische Willensbildung des Publikums verdeutlichen sollten: 1. Welcher politische Fehler ist eher anzugreifen? a) das Unvermögen des Staatsbürgers, sein politisches Mandat zu nutzen, oder b) Fehler der politischen Führung bei der Ausübung ihres Amtes. 2. Lassen sich Ihrer Meinung nach die beiden Begriffe miteinander verbinden: Kabarett und Erziehung zum Staatsbürger" (Schäffner 1969, S. 266f). Insgesamt konnte man bei den Antworten den Trend verzeichnen, dass die befragten Kabarettisten direkt auf den Bürger und sein politisches Verhalten einwirken und somit eine Wirkung auf das Publikum ausüben wollten, die über bloße Unterhaltung hinausgeht. Die meisten Befragten waren der Meinung, dass sich dies am besten erreichen ließe, wenn man das Publikum auf sein Fehlverhalten (politische Passivität) hinweisen würde. Allerdings musste die Mehrheit der Kabarettisten eingestehen, in ihren Programmen eher die Politiker (Frage 1b) als die unmündigen Staatsbürger (Frage 1a) zu kritisieren, da dies einen höheren Unterhaltungswert besäße. Insgesamt sahen die Befragten ihren Einfluss auf die Meinungsbildung des Publikums als eher gering an. Andererseits waren viele Kabarettisten der Meinung, dass Kabarett, das die Unmündigkeit und politische Verschlafenheit der Mitbürger in den Vordergrund rückt, sehr wohl zu einer „Erziehung" zum mündigen Staatsbürger beitragen könnte. In der Praxis würde der Schwerpunkt des Kabaretts jedoch – zum Nachteil der Politisierung – eher auf die publikumswirksamere Politikerschelte gelegt (Schäffner 1969, S. 267-275).

Das Ergebnis dieser schon einige Jahrzehnte zurückliegenden Befragung ist nach Ansicht der Verfasserin noch immer aktuell. Zwar schreibt Prittwitz, dass Kabarett in den letzten zwanzig Jahren weniger polemisch denn als Kunstform daherkäme, also weniger der Inhalt oder eine politische Intention als die Ausführung im Vordergrund stünde (1994, S. 287). Jedoch kommt es wohl vorrangig auf den Kabarettisten selbst an, ob er bloß unterhalten oder politisieren will oder inwieweit er beides mit seinem Programm zu erreichen versucht.[4] Dabei ist auch nicht zu vergessen, dass Kabarett auch immer wieder eine Form des

---

[4] Ein gutes Beispiel für letzteres ist m.E. das Programm des von uns im Rahmen des Seminars besuchten Hagen Rether.

Widerstandes gegen undemokratische Verhältnisse gewesen ist (z.B. Drittes Reich, Polen, Tschechoslowakei, DDR), der unter den dramatischten Umständen mit Gefangenschaft und Tod bezahlt wurde (u.a. Prittwitz 1994, S. 287).

An dieser Stelle rückt die Seite der politischen Akteure in den Fokus. Während der Kabarettist hofft, bestenfalls einen Einfluss auf das Publikum auszuüben, fürchtet das politische Establishment, dass er es könnte. In totalitären Staaten, in denen die freie Meinungsäußerung unterbunden und geahndet wurde, mussten (und müssen) Kabarettisten mit persönlichen Konsequenzen rechnen, wenn ihre Kritik allzu offen und staatskritisch war.[5] Zwar müssen Kabarettisten im heutigen Deutschland i.d.R. nicht um Leib und Leben fürchten,[6] jedoch gibt es auch heute noch durchaus Beschränkungen der Redefreiheit, wenn diese auch eher indirekter Natur sind. So schreibt Hörburger 1993: „Dort, wo bestallte oder unbestallte Zensoren mit der Schere Hand anlegen, lohnt es sich allemal zuzuhören. Der Griff nach dem freien Wort, unter den Bedingungen der Diktatur üblich, beim öffentlich-rechtlichen Rundfunk keineswegs abgeschafft und durch den Begriff ‚Ausgewogenheit‘ entschuldigt, hat unter allen Regierungsformen Tradition" (S. 15). Es scheint erstaunlich, dass sogar eine so populäre Sendung wie „Scheibenwischer" zuweilen Opfer der Zensur wurde (Gugel 2006, S. 128). Man kann wohl davon ausgehen, dass auch heute noch unbequeme Sendungen von den Medienhütern wegzensiert werden, ohne dass der „normaler Bürger" davon Kenntnis hätte.

Die Frage, inwieweit Kabarett tatsächlich Einfluss auf die Meinungsbildung des Publikums nehmen kann, ist schwer zu beantworten und wahrscheinlich ist ein unmittelbarer Einfluss überhaupt nicht (wissenschaftlich) festzustellen – auch wenn er von manchen Kabarettisten gewünscht und vom politischen Establishment befürchtet werden mag. Jedoch ist durchaus ein weites Spektrum an Reaktionen auf das Wirken des Kabarettisten vorstellbar. Ohne Anspruch auf Vollständigkeit zu erheben, wären hier Opposition, Unverständnis, Mitlachen, von innerem Ärger und Druck befreiendes Lachen, Zustimmung, aber auch Selbstreflexion und Motivation zur politischen Aktivität zu nennen. Politisches Kabarett kann also durchaus eine politische und möglicherweise auch politisierende – im Sinne von zur politischen Aktivität motivierende – Wirkung haben. Bevor diese Eigenschaft des Kabaretts als Möglichkeit für die politische Bildung betrachtet werden kann, soll zunächst geklärt werden, was hier unter politischer Bildung verstanden werden soll.

---

[5] Siehe z.B. Dörfler (2007) zum Kabarett während des Nationalsozialismus oder Riemann (2007) und Ensikat (2007) zum Kabarett in der DDR.
[6] Wenn sie nur entsprechende (beispielsweise islamkritische) Dinge sagen würden, wäre das jedoch, wenn auch nicht von staatlicher Seite, durchaus möglich – siehe das Beispiel des „Mohammed-Karikaturisten" Kurt Westergaard.

4. Was ist politische Bildung?

Die Anzahl der Definitionen für den Begriff der „politischen Bildung" entspricht fast derer der Menschen, die sich mit ihr beschäftigen. Die Unterschiede bestehen sowohl im Begriffsverständnis von Bildung, als auch dem vom Politischen – eng als zum politischen Sektor gehörend (Stein 1999, S. 47), weit als alles das Zusammenleben von Menschen Betreffende (Sander 1999, S. 33), sowie in der Einschätzung, wie politische Bildung auszusehen hat, bzw. an wen sie sich auf welche Weise richten sollte (Wagner 2008, S. 43-61). Die verschiedenen Definitionen und Positionen eint jedoch die (idealisierte) Zielvorstellung des selbstbestimmten, emanzipierten, mündigen Bürgers, der „in positiv-kritischer Weise am demokratischen Ausbau von Staat und Gesellschaft aktiv teilnimmt, dabei seine Interessen und Bedürfnisse verfolgt, Konflikten nicht ausweicht, auf Mitbestimmung drängt [...], sich dem Gemeinwohl verpflichtet weiß, Herrschafts- und Abhängigkeitsverhältnisse kritisch analysiert und, wo möglich, zugunsten demokratischer Strukturen zu minimieren versucht" (Nohlen 2001, S. 387). Der Begriff „Mündigkeit" wird von Massing definiert, als die Verfassung, bei der „der Mensch zu eigenem Denken gelangt ist, wo er von Vorurteilen und Verblendungen frei ist, Distanz zur eigenen Zeit gewonnen und wo er gelernt hat, Vorgefundenes kritisch zu reflektieren, um sich auf dieser Basis zu entscheiden, die jeweiligen gesellschaftlichen Verhältnisse akzeptieren zu wollen oder auf ihre Veränderung hinzuwirken." (2002, S. 92). Aus den genannten Bestimmungen kann man für die politische Bildung folgende Funktionen, die idealerweise aufeinander aufbauen, identifizieren[7]: 1. die Informationsfunktion, 2. die Politische Meinungs- und Willensbildungsfunktion und 3. die Funktion der Befähigung zur Partizipation.

Im Rahmen der Informationsfunktion soll politische Bildung zunächst Interesse an Politik wecken und damit daran, überhaupt Informationen über Politik und Gesellschaft zu erhalten. In einem zweiten Schritt soll durch eine möglichst objektive Vermittlung von politischem Wissen ein Verständnis für politische und gesellschaftliche Sachverhalte, sowie gesellschaftliche, politische, wirtschaftliche und kulturelle Entwicklungen gefördert werden. Darüber hinaus wird die Förderung von Toleranz und Achtung gegenüber Andersdenkenden und gegenüber anderen Völkern und Kulturen als ein Aspekt der Informationsfunktion der politischen Bildung angesehen. Des Weiteren soll politische Bildung Partizipationsmöglichkeiten der Bürger und ihre Bedeutung aufzeigen, sowie die Fähigkeit vermitteln, „sich Wissen selbstständig zu beschaffen, und darauf aufbauend die notwendigen

---

[7] Das folgende Modell ist eines von vielen. Für ein alternatives Stufenmodell siehe Wagner (2008), S. 48ff; das hier vorgestellte dreistufige Modell ist ebenda, S. 54-58 zu finden.

Fähigkeiten hinsichtlich des richtigen Umgangs mit Informationen und Medien etc.; d.h. die Fähigkeit auszubilden und zu fördern, Informationsangebote kritisch zu beurteilen und für den eigenen Nutzen zu selektieren, denn die Herausforderung besteht heute nicht mehr darin an Informationen zu gelangen, sondern in der Informationsflut das Wesentliche vom Unwesentlichen zu differenzieren" (Wagner 2008, S. 55).

Die Meinungs- und Willensbildungsfunktion der politischen Bildung umfasst drei Bereiche, bei denen im Dienst der Demokratie eine „kritische Bildung" des Bürgers angestrebt wird und die somit nicht nur die Förderung der Fähigkeit zur informierten und reflektierten Gesellschaftskritik, sondern auch zur Selbstreflexion beinhaltet. So steht zunächst die Förderung und Festigung des demokratischen Bewusstseins des Bürgers im Vordergrund, d.h. es soll ihm vermittelt werden, dass er als Teil eines *demokratischen* Gesellschaftssystems dieses nicht bloß erdulden muss, sondern es mitgestalten kann und soll. Damit er es auf eine Art und Weise tut, die dem demokratischen System förderlich ist, bedarf es der Entwicklung, Förderung oder Verbesserung seiner demokratischen Kompetenzen, vor allem des Problembewusstseins, der Reflexions- und Urteilsfähigkeit im Bezug auf das politische und gesellschaftliche Leben und der eigenen Teilhabe daran. Konkret soll dies durch eine Erziehung zur Konflikt- und Kompromiss- oder Konsensfähigkeit, zur Problemlösungs- und Entscheidungsfähigkeit geschehen. Darüber hinaus soll politische Bildung zu einer kritischen Haltung des Bürgers zu sich und seinen Einstellungen und Denkmustern beitragen: „Der Bürger soll die latente Subjektivität eigener sowie fremder Aussagen und politischer Urteile erkennen lernen, indem er mit Hilfe der politischen Bildung die Fähigkeit (und Bereitschaft) entwickelt über eigene Sozialisationsbedingungen, Orientierungsmuster, Wertmaßstäbe und Kenntnislücken sowie Präferenzen und Vorurteile nachzudenken und sich möglicherweise von diesen zu lösen" (Wagner 2008, S. 57).

Die so kritisch-politische gebildeten Bürger sollen nun zur politischen Partizipation befähigt und bewegt werden. Die Funktion der politischen Bildung „Befähigung zur Partizipation" wird vielfach auch als ihre Hauptaufgabe bezeichnet. Durch sie soll aus dem politisch reflektierten und kritischen Zuschauer ein interventionsfähiger, aktiver Bürger gemacht werden, der sich in alle Bereiche des politischen Prozesses einbringen kann und will.

Nachdem in diesem Abschnitt die Aufgaben der politischen Bildung umrissen wurden, soll im Folgenden untersucht werden, inwieweit Kabarett einen Beitrag zur politischen Bildung von Schülern der Oberstufe leisten kann.

5. Wie kann Kabarett einen Beitrag zur politischen Bildung leisten?

Es gibt drei Möglichkeiten, wie Kabarett in der Schule (ab etwas der 10. Klasse) als didaktisches Mittel verwendet werden kann: die Analyse von historischem Kabarett (Aufzeichnungen), das Konsumieren und Analysieren von aktuellem Kabarett und selber Kabarett-Machen. Die Analyse von historischem Kabarett kann ein anderes Bild von der Zeitgeschichte bieten, als das der möglichsten Objektivität verpflichteten Schulbücher, und kann deshalb besonders wertvoll für den Geschichtsunterricht sein (vgl. Gugel 2006, S. 125). Für die politische Bildung besonders bedeutend sind jedoch die beiden übrigen Verwendungen von Kabarett: das Konsumieren/Analysieren und Selbermachen.

Beim Konsumieren/Analysieren von Kabarett mit der politischen Bildung der Schüler als Intention, rückt zunächst die Informationsfunktion der politischen Bildung in den Vordergrund: das Ansehen von Kabarett im Rahmen des Schulunterrichts oder der Projekttage kann dazu dienen, überhaupt erst das Interesse der Schüler an politischen Fragen zu wecken. Allerdings kann dies nur funktionieren, wenn die Schüler ein zumindest rudimentäres Wissen von dem Funktionieren unserer Gesellschaft und des politischen Systems besitzen, sowie dem Tagesgeschehen wenigstens sporadisch folgen, denn sonst würden sie den Inhalt des Kabaretts schlicht nicht verstehen. Dies sollte allerdings – zumindest laut Lehrplan des Gymnasiums in Hessen – ab der zehnten Klasse möglich sein. Nicht zuletzt die Aussicht auf die Beschäftigung mit der Kunstform Kabarett im Politik und Wirtschaftsunterricht könnte jedoch eine gewisse Motivation zum Verfolgen der Nachrichten darstellen oder in diesem Kontext vom Lehrer gefordert werden. Ein weiterer Aspekt des Kabaretts, der zur Informationsfunktion der politischen Bildung gehört, ist die Auseinandersetzung mit und Toleranz gegenüber einer vom Kabarettisten vertretenen Meinung, die von jener der Schüler – oder ihrer Eltern – abweicht. Darüber hinaus ist es geradezu ein Stilmittel des Kabaretts, (politische) Sachverhalte in einer den gängigen Denkmustern nicht entsprechenden Weise darzustellen und so einen neuen Zugang zu dem Wissen um diese Sachverhalte zu schaffen.

Im Rahmen der Meinungs- und Willensbildungsfunktion der politischen Bildung wird beim Betrachten eines kabarettistischen Programms insbesondere das Problembewusstsein geschult – da im Kabarett besonders die Probleme und Missstände in Politik und Gesellschaft thematisiert werden. Darüber hinaus bietet das Kabarett jedoch zum einen die Chance zur Selbstreflexion, wobei es förderlich sein dürfte, wenn sich der Zuschauer bewusst darauf einlässt: Wie fühle ich mich, wenn der Kabarettist bestimmte Dinge sagt oder kritisiert? Was finde ich lustig, was nicht? Wo lache ich als einziger oder als einziger nicht? Zunächst ergibt sich eine direkte emotionale Reaktion auf das Gesehene und Gehörte, die eine bewusste oder unbewusste Position des Betrachters reflektieren und ihm so u.U. bewusst machen kann. Um eine tatsächliche Selbstreflexion zu erreichen besteht im Rahmen des Unterrichts die Möglichkeit, die eigenen Standpunkte, die das Kabarett vielleicht verdeutlicht hat, zu formulieren und zu reflektieren, auch in der Hinsicht, warum man sie innehat, wodurch die eigene Haltung beeinflusst wird und ob die Haltung auch nach diesem Hinterfragen noch haltbar ist. Das bloße Zuschauen wird diese Art der Reflexion beim Publikum tendenziell eher nicht initiieren, genauso wenig, wie es hierdurch kaum zur politischen Aktivität bewegt werden wird. In einem (z.B. in der Schule) organisierter Rahmen jedoch, in dem diese Aspekte der politischen Bildung, die beim Besuch eines Kabarettprogramms eher unbeachtet bleiben, besonders hervorgehoben werden, kann auch das Konsumieren und Analysieren von Kabarett einen Beitrag zu einer kritischen politischen Bildung leisten.

Der aktive Umgang mit dem Kabarett, also das Selbermachen, gleicht im Blick auf sein Potential als Mittel der politischen Bildung dem des Anschauens, es gibt jedoch auch z.T. erhebliche Unterschiede. Nach der Erfahrung von Buring ist es besonders die Aussicht, auf einer Bühne zu stehen und sich kreativ betätigen zu können, welches Schüler motiviert, sich in einem Schülerkabarett, das als Arbeitsgemeinschaft, aber auch im Rahmen von Projekttagen durchgeführt werden kann, zu engagieren (Buring 2007, S. 125). Im Kabarett verwendete Techniken, wie z.B. die Parodie, müssen eingeübt werden. Die Beschäftigung mit dem Tagesgeschehen und die Kenntnis des politischen Systems ist noch mehr als beim Zuschauen Voraussetzung für einen erfolgreichen und auch spaßbringenden Umgang mit dem Kabarett. Genauso ist für das selber Entwerfen eines Kabarettprogramms oder Programmteils das eindeutige beziehen einer Position noch notwendiger. Somit werden sowohl im „passiven" als auch im „aktiven" Kabarett Positionen bezogen, formuliert oder zumindest verdeutlicht, eine *kritische* Auseinandersetzung mit der eigenen Position ist jedoch in beiden Fällen nicht zwangsläufig, sondern muss zusätzlich initiiert werden. Auch die Motivation zur politischen Aktivität oder Partizipation ist nicht zwangsläufig, wobei zu fragen wäre, ob ein Schüler, der Kabarett macht, nicht unter Umständen bereits durch diese Tatsache politisch aktiv ist, da er seiner Meinung, vergleichbar der Teilnahme an einer Demonstration, durch das eigene Kabarettprogramm öffentlich macht. Nicht zu vergessen ist auch, dass öffentliches kritisieren, beispielsweise von Missständen in der eigenen Schule, durchaus negative Konsequenzen für den Kritiker haben kann („der macht sich beim Direktor unbeliebt") und schon aus diesem Grund auch Mut erfordert. Darüber hinaus ist es noch dazu denkbar, dass ein Schülerkabarett – wie auch von vielen „normalen" Kabarettisten intendiert - tatsächlich auch bei den Mitschülern im Sinne der politischen Bildung etwas bewirken kann, z.b. dass gegen Missstände in der Schule protestiert wird, dass volljährige Schüler doch dazu bewegt werden, wählen zu gehen oder dass eigene Haltungen einmal hinterfragt werden. Mehr noch als das Zuschauen bietet sich also das Selbermachen von Kabarett als ein Mittel zur politischen Bildung an. Im nun folgenden Abschnitt soll kurz eine Möglichkeit vorgestellt werden, wie man dies in der Schule praktisch umsetzen könnte.

6. Die praktische Umsetzung

Eine Voraussetzung für das Selbermachen ist, wie oben beschrieben, ein gewisses politisches Hintergrundwissen und ein Verfolgen der Nachrichten. Aus diesem Grund scheint es angebracht, diese Form der Vermittlung von politischer Bildung ab der elften, bzw. der zehnten Klasse anzuwenden. Da im Regelunterricht tendenziell aufgrund des stark verdichteten Lehrplans keine Zeit für die Methode des Kabaretts sein wird, bietet sie sich insbesondere als Arbeitsgemeinschaft oder als Projekt, beispielsweise im Rahmen von Projekttagen an, auch weil hierdurch besonders interessierte und dadurch motivierte Schüler sammeln können.[8]

Bevor die Schüler sich selbst als Kabarettisten versuchen, erscheint es ratsam, ihnen zunächst verschiedene Kabarettisten mit unterschiedlichen Stilen vorzustellen und ihr Auftreten und das Gesagte zu analysieren. Dabei würde das Augenmerk zum einen auf die angewandte Technik – der Darstellungsform und der Stilmittel, zum anderen auf den Inhalt gerichtet. Darüber hinaus könnten eventuelle Intentionen des Kabarettisten (vgl. Abschnitt 3) von den Schülern diskutiert werden. Die Techniken des Kabarettisten, wie z.B. Parodie, Wortspiele, Übersteigerung, Assoziationssprünge etc.[9] sollten - möglichst auch durch Beispiele - vertieft werden, genauso wie der Gegenstand des Kabaretts, der „politische Wissenszusammenhang" der Schüler, verdeutlicht und diskutiert werden sollte. Wie oben bemerkt erfolgen Selbstreflexion und Motivation zur Partizipation beim Kabarett nicht zwangsläufig. An dieser Stelle wäre eine Möglichkeit, sie, z.B. in Form einer Diskussion, in den „Unterricht" einzuflechten.

Zum Beginn des „Praxisteils" ist es ratsam, genaue Vorgaben zu machen, damit „Kabarett machen" erst einmal in einem umgrenzten Rahmen ausprobiert werden kann. So ist eine einfache Form, z.B. die Parodie eines Liedes oder Gedichtes, gut dafür geeignet, sich erstmals kabarettistisch zu betätigen und die Ergebnisse anschließend im Plenum vorzutragen,

---

[8] Aber auch im Klassenverband ist die Arbeit mit Kabarett – vielleicht in einer reduzierten Form zu der im Folgenden genannten - denkbar, wenn denn ein ausreichender Zeitrahmen zur Verfügung steht.
[9] Siehe hierzu z.B. Prittwitz 1994, S. 288-291.

wobei sogar das Thema vorgegeben werden könnte. Als Sozialform würde sich die Arbeit in Kleingruppen von 3 bis 5 Mitgliedern anbieten. Wenn sie sich ein wenig in die Materie eingearbeitet haben, könnte man den Schülern schließlich selbst überlassen, welche Form und Thematik „ihr" Beitrag zu der „bunten Platte" Kabarett haben soll, wobei die Aussicht auf eine tatsächliche öffentliche Aufführung i.d.R. zusätzlich motivierend wirkt. Während des gesamten Schaffensprozesses ist es wichtig, dass eine stete Kommunikation zwischen den Gruppen und zwischen Kleingruppen und dem Pädagogen aufrecht erhalten wird. So können Probleme der Gruppendynamik oder der Motivation eher bemerkt und angegangen werden, aber auch das kreative Ergebnis selbst lässt sich möglicherweise durch eine konstruktive Kritik der Großgruppe überarbeiten und dadurch verbessern. Darüber hinaus besteht in den Plenumsdiskussionen, aber auch in Gesprächen (auch mit dem Pädagogen) in den Kleingruppen die Möglichkeit, das eigene Schaffen und den Schaffensprozess zu reflektieren und nicht zuletzt jene Aspekte der politischen Bildung einzubringen, die von außen an die Schüler herangetragen werden müssen, da sie sich nicht automatisch aus dem Umgang mit dem Kabarett erschließen, nämlich die Selbstreflexion und die Motivation zur politisch-gesellschaftlichen Partizipation. Vereinfachend wird hier wirken, wenn der Pädagoge mit „offenen Karten spielt" und die Schüler von Beginn an darüber informiert, dass für ihn nicht (nur) die kreative Betätigung der Schüler im Vordergrund steht, sondern ihre politische Bildung sein Anliegen ist. Dies erlaubt zum einen ein natürlicheres Einbringen der pädagogischen Anliegen, zum anderen erlaubt es zum Ende der Aktion eine Rückmeldung der Schüler, ob in ihren Augen Kabarett ein effektives Mittel zur Vermittlung politischer Bildung darstellt.

7. Schluss

Insgesamt kann man also sagen, dass Kabarett durchaus als eine Methode der politischen Bildung genutzt werden kann. Für das „herkömmliche" Kabarett ohne äußeren pädagogischen Rahmen gilt das nur bedingt, da die reflektorischen oder zur politischen Aktivität motivierenden Impulse von außen fehlen und dadurch eine (politisch) bildende Wirkung zwar möglich ist, aber – wenn überhaupt – selten nachvollziehbar verläuft. Innerhalb eines pädagogischen Rahmens, wie z.B. in der Schule, kann jedoch gerade auf diese fehlenden Aspekte, die einen wichtigen Teil der politischen Bildung ausmachen, hingewiesen werden. So kann mit Hilfe eines Kabarett-Projekts oder einer Kabarett-AG in der Schule theoretisch jede der drei Funktionen der politischen Bildung fast vollständig abgedeckt werden. Nicht zu vergessen ist auch, dass mit Kabarett als Methode in der Schule durch die praktische Be- und Erarbeitung nicht nur Fakten besser behalten, Sachverhalte durchdacht und eigene Haltungen reflektiert werden können, sondern darüber hinaus auch allgemeine Fähigkeiten, wie Teamarbeit, Kreativität, sprachliche Kompetenzen usw. geschult und weiterentwickelt werden. Der wichtigste Vorteil von Kabarett als einer Methode der politischen Bildung ist jedoch, dass politische Bildung auf diesen Wege einer größeren Anzahl von Schülern tatsächlich Spaß machen kann. Schon dies allein wäre Grund genug, als Politik und Wirtschaft unterrichtender Lehrer – vielleicht zusammen mit einem interessierten Deutschlehrer – diese Methode einmal selbst mit interessierten Schülern auszuprobieren.

8. Literaturverzeichnis

Buring, Hans (2007): Kabarett als Instrument der politischen Bildung – Erfahrungen mit Dem Schülerkabarett „Die Kettwichte". In: Glodek/Haberecht/Ungern-Sternberg (Hg.): Politisches Kabarett und Satire. Berlin: Wissenschaftlicher Verlag, S. 125-134.

Dörfler, Sebastian (2007): Kabarett während des Nationalsozialismus. In: Glodek/Haberecht/Ungern-Sternberg (Hg.): Politisches Kabarett und Satire. Berlin: Wissenschaftlicher Verlag, S. 30-44.

Ensikat, Peter (2007): Gedanken zu Geschichte und Wirkung des Kabaretts in der DDR. In: Glodek/Haberecht/Ungern-Sternberg (Hg.): Politisches Kabarett und Satire. Berlin: Wissenschaftlicher Verlag, S. 74-79.

Gugel, Günther (2006): Methoden-Manual „Neues Lernen". Tausend Vorschläge für die Schulpraxis. Weinheim/Basel: Beltz, S. 122-125 u. 142-144.

Hörburger, Christian (1993): Nihilisten – Pazifisten – Nestbeschmutzer. Gesichtete Zeit im Spiegel des Kabaretts. Tübingen: Institut für Friedenspädagogik, S. 15.

Nohlen, Dieter (Hg.) (1991): Wörterbuch Staat und Politik. München: Piper.

Prittwitz, von Volker (1994): Das Politische Kabarett. In: ders.: Politikanalyse. Opladen: Leske und Budrich, S. 287-291.

Riemann, Brigitte (2007): „Schere im Kopf" oder Lust an der List: das DDR-Kabarett zwischen Parteilichkeit und Berufsrisiko – ein Rückblick (1953-1989). In: Glodek/Haberecht/Ungern-Sternberg (Hg.): Politisches Kabarett und Satire. Berlin: Wissenschaftlicher Verlag, S. 45-73.

Rothlauf, Eva (1994): Theorie und satirische Praxis im westdeutschen Kabarett (1945-1989). Akademische Abschlussarbeit zur Erlangung der Promotion der Friedrich-Alexander-Universität Erlangen/Nürnberg.

Sander, Wolfgang (1999): Theorie der politischen Bildung: Geschichte – didaktische Konzeptionen – aktuelle Tendenzen und Probleme. In: Ders. (Hg.): Handbuch politische Bildung. Wochenschau-Verlag: Schwalbach/Ts., S. 5-45.

Schäffner, Lothar (1969): Das Kabarett, der Spiegel des politischen Geschehens. Dissertation zur Erlangung des Doktorgrades der Christian-Albrechts-Universität zu Kiel.

Seminarbeschreibung des Seminars „Politisches Kabarett und kritische Bildung" auf dem LvPaed der Technischen Universität Darmstadt. http://www.lvpaed.de/index.php?page=stud_veranstaltungsverzeichnis&subpage=d etails&id_semester=6&id_lv=106, Zugriff 01.02.10.

Stein, Gerd (1999): Mündigkeit und Emanzipation in demokratischen Systemen. In: Mickel, W. (Hg.): Handbuch zur politischen Bildung. Grundlagen, Methoden, Aktionsformen. Schwalbach/Ts.: Wochenschau-Verlag, S. 43-47.

Wagner, Maren (2008): Die politische Talkshow – ein Medium politischer Bildung? Inauguraldissertation zur Erlangung des akademischen Grades eines Doktors der Philosophie der Bergischen Universität Wuppertal. http://nbn-resolving.de/urn/resolver.pl?urn=urn%3Anbn%3Ade%3Ahbz%3A468-20080570, Zugriff 04.01.10.